Liminal
Laura Fusco

Translated by
Caroline Maldonado

Smokestack Books
1 Lake Terrace, Grewelthorpe, Ripon HG4 3BU
e-mail: info@smokestack-books.co.uk
www.smokestack-books.co.uk

First published in an Italian-French edition as *Limbo*
(Éditions Unicité, 2018).

Italian text copyright
Laura Fusco 2018,
all rights reserved.

English translation copyright
Caroline Maldonado 2020,
all rights reserved.

ISBN 978-1-9161392-5-1

Smokestack Books
is represented
by Inpress Ltd

 Supported using public funding by
**ARTS COUNCIL
ENGLAND**

This book has been selected to receive financial assistance from English PEN's "PEN Translates" programme, supported by Arts Council England. English PEN exists to promote literature and our understanding of it, to uphold writers' freedoms around the world, to campaign against the persecution and imprisonment of writers for stating their views, and to promote the friendly co-operation of writers and the free exchange of ideas. www.englishpen.org

Liminal

Il testo cita scritte originali di migranti realizzate su striscioni/cartoni/muri/materiali vari e viste dal vivo e/o apparse in Tg e su Internet. I refusi e gli errori contenuti nell'originale non sono stati corretti ma riportati in quanto parte integtante della 'fotografia' della realtà racconta e/o che ha ispirato questo libro.. L'idea stessa di correzione è contraria all'intento della racccolta che pur non essendo un reportage fotografia e restituisce frammenti di storie di donne e realtà su cui non vuole intervenire per rispettto di chi le sta vivendo/ha vissute e dei lettori.

The text uses writings by migrants and seen on banners/cardboard/walls/various materials, on television news and on the internet. Misprints and errors contained in the original have not been corrected but reported as an integral part of the 'photography' of the reality that inspired this book. The very idea of correction is contrary to the idea of the collection which, although not a photographic documentary, restores fragments of women's lives and stories in which the author does not wish to intervene, out of respect for those who live these stories as well as for readers.

Indice

Canto dell'esilio	10
Il pianoforte bianco	14
Intervista	16
Veglia funebre	18
We just want go in England	20
Macedonia o La ragazza che sembra Medusa	22
30 giorni di afroreggae	26
Io sgombero, tu sgomberi,	28
Abbecedario dei migranti: D	30
Abbecedario dei migranti: F	32
Abbecedario dei migranti: P	34
Evacuazione	36
Mais c'est quoi?	38
La rotta dei Balcani	40
Mamma Merkel	42
Paris	44
Bois de Dormoy	46
Jardins d'Eole I ragazzi della metro	48
Vita nuova	52
Hall Pajol	54
Lieu de vie?	56
Tramonto	58
Refugiés are survivor	62
We need to pass	64
Spalle al muro!	68
Youtube	72
Louvre	74
We are not going back	76
Passeurs	78
Tg	80
7 come le vite dei gatti	82
Bambini yazidi e donne	86

Contents

Song of exile	11
The white piano	15
Interview	17
Funeral vigil	19
We just want to go in England	21
Macedonia or the girl who looks like Medusa	23
30 days of reggae	27
I evict, you evict	29
A primer for migrants: D	31
A primer for migrants: F	33
A primer for migrants: P	35
Eviction	37
Mais c'est quoi?	39
The Balkan route	41
Madame Merkel	43
Paris	45
Bois de Dormoy	47
Jardin d'Eole: the Metro boys	49
The new life	53
Hall Pajol	55
Lieu de vie?	57
Sunset	59
Refugees are survivor	63
We need to pass	65
Against the wall!	69
Youtube	73
The Louvre	75
We are not going back	77
Passeurs	79
TV news	81
Like cats' lives	83
Yazidi children and women	87

Canto dell'esilio

Mentre il blackout nel cybercaffè promette una sera che non arriverà
e la parola d'ordine è rinascere,
mentre migliaia di giovani affogano cercando di raggiungere l'Europa
le madri di chi parte lanciano un canto contro l'esilio.
La canzone uscita dall'estate di Dakar,
nata a pochi chilometri dai palazzi dei politici.
Urlate alto.
Li avete lasciati laggiù.
E non basta il lamento, non più.
Stanotte, sono andata a parlare agli spiriti.
Mi hanno detto:
Sii la musica della nostra parola.
La parola che è domani.
Si sono spenti i riflettori dei telegiornali.
E il grande concerto è cominciato e finito.
Non hanno trovato lavoro, hanno avuto fame,
nelle banlieux di Parigi.
Il conto alla rovescia è cominciato.
Siedono a piedi nudi dove
pochi giorni prima hanno pianto,
le fronti
insanguinate,
la bellezza dura del miele dei loro occhi
grida lo slang di un sogno che unisce
generazioni.
Il fuoco clandestino dei baci e delle idee
brucia.
E' grave quello che succede.
E il futuro?

Song of exile

While the blackout in the cyber cafe guarantees an evening that will never come and the password is rebirth
and thousands of young men drown trying to reach Europe,
the mothers they leave behind launch a song against exile.
A song born out of a summer in Dakar
a few kilometres from the grand houses of politicians.
Scream with all your strength!
You've left them far below
and to lament is not enough, not any more.
Tonight I went to speak with the spirits.
They said to me:
You be the music of our word.
The word that is tomorrow.
The flickering lights from the TV news have gone dark
and the great performance has started and ended.
They've found no work, they're hungry
in the Paris banlieues.
The countdown has begun.
They sit barefoot where
a few days ago they cried,
their foreheads
bloody,
the hard beauty of their eyes like honey
shouting out the slang of a dream that unites
generations.
The secret flame of kisses and ideas
burns.
What's happening is serious.
And the future?

Promesse,
che nessuno mantiene.
Abbiamo percorso colline e montagne,
deserti e città.
Per dire: *non più gli occhi dei nostri figli in fondo al mare.*
Non più in esilio, tacere, guardarli partire.
Quanto vale il potere delle parole
di cambiare?
Le nostre parole sono come l'alba.
Crescono e diventano giorno e dicono.
Mentre la musica va,
mentre i flash dei telefonini fotografano le spiagge,
mentre le pale dei ventilatori rotte fermano la sera nella stanza,
a guardare dal televisore i corpi che si incagliano a Tenerife o
    Fuerteventura.
Mai più: me ne andrò,
Mai più: morire è meglio che restare.
Mai più: i nostri figli morti.

Promises
no-one keeps.
We've crossed hills and mountains,
deserts and cities
to say: *no more of our sons' eyes at the bottom of the sea.*
No more in exile, holding our tongues, watching them leave.
How much does it cost for the power of words
to make a change?
Our words are like the sunrise.
They grow and become day and they say
while the music plays,
while mobiles flash pictures from the beaches,
while broken fan blades bring the evening to a halt in the room,
watching on TV the bodies stranded on Tenerife or
    Fuerteventura,
No more: I will leave.
No more: better to die than stay.
No more: our dead sons.

Il pianoforte bianco

Il pianoforte bianco scende dal camioncino,
come le porte del film di Parajanov in mezzo al nulla,
all'erba rada rada e alle tende,
alle nuvole che tutti da giorni pestano mentre si disfano nelle pozzanghere.
La ragazza siriana lo suona per il progetto di Ai Wewei.
Peccato che lo faccia per un progetto che stanno filmando e che lo riporteranno via tra un'ora.
Nel campo in greco e in macedone la foto della donna che partorisce fa il giro del mondo,
un ragazzo con scarpe da trekking si lascia alle spalle la guerra e entra nella pioggia,
per cercare una coperta,
si aspetta la notte sperando la frontiera sia meno custodita,
di farsi coprire dal tintinnio di un tasbeh,
risuona e si prova a rischiare la vita dove si è arrivati rischiandola per non morire.
Vecchie si tolgono il velo,
nascoste in fondo al fango delle tende, senza notizie nè preghiere.
Basterebbe saltare il fossato disseminato di bottiglie di plastica e vestiti di tutti i colori del mondo,
di là la Macedonia,
di qua gli Humwee:
scintillano.

The white piano

The white piano's lowered from the pick-up
like the doors in Parajanov's film in the midst of nothing,
to spindly grass and tents,
to clouds disintegrating in puddles that for days everyone
    steps in.
The Syrian girl is playing it for Ai Weiwei's project.
Pity she's doing it for a project they're filming and they'll take it away
    again in an hour's time.
The photo of the woman giving birth in a field travels the world in
    Greek and Macedonian.
A boy wearing trekking boots leaves the war behind and enters the rain
    searching for a blanket.
They're waiting for night hoping for fewer guards at the border
to take cover under the tinklingof a Tasbih.
A clink and they give it a try, risking their lives where they've
    come to, risking it so as not to die.
Old women take off their veils,
hidden deep in the mud of the tents, without news or prayers.
All that's needed is to jump over the ditch strewn with plastic bottles
    and clothes of every colour in the world,
over there, Macedonia,
hcre the Humvee
glittering.

Intervista

L'asfalto corre sotto le ruote delle camionette dei militari verso una
   storia già sentita.
Ha 38 anni e continua a ammazzare il tempo mentre si consuma il sole,
e lo spoglio degli alberi si stanca di aspettare il verde
e lascia le foglie esplodere come una canzone.
Parla davanti all'occhiolino rosso della telecamera,
al giornalista che gli ha dato da fumare,
il fumo della sigaretta si aggiunge a quello dei falò poi un colpo di
   vento scopre un cielo di perla.
Se finisce un sogno passa a un altro.
Coi pantaloni arancio la maglia rossa e le calze
fucsia.
Parole chiamano, rumori di pentole, cucchiai,
... terra di nessuno.
Il confine si sposta ma resta invalicabile.
Una donna parla al telefono.
Un figlio e un padre litigano.
Una ragazza in tuta rosa allatta.
Due bambine color miele fanno un gioco di parole.
Un gruppo di ragazzi vaga al bordo della foresta.
Fumando sigarette che gli hanno dato quelli del camper della tv.
Una vecchia parla agli spiriti e allontana mosche che non ci sono,
continuamente,
con gesti ampi e lenti,
un reporter parla col volontario di Medecins sans frontières.

Interview

Asphalt runs under the wheels of army trucks
    towards a familiar story.
He's 38 and is still killing time while the sun consumes itself
and the bare trees tired of waiting for green
let their leaves explode like a song.
He speaks to the tv camera's little red eye
to the journalist who's offered him a smoke.
Smoke from the cigarette joins the bonfire's then a gust of wind
    covers a pearl sky.
If he finishes one dream he moves on to another.
With orange pants red sweater
and fuchsia socks.
Words call out, saucepans clattering, spoons,
... nobody's land.
The border moves but remains impassable.
A woman speaks on the phone.
A son and his father quarrel.
A girl in a pink tracksuit breastfeeds.
Two little girls the colour of honey play word-games.
A group of boys wander off to the edge of the forest
smoking cigarettes given them by the guys in the TV campervan.
An old woman speaks with spirits and continually brushes away
non-existent flies
with slow expansive movements,
a reporter talks to a volunteer from Médecins sans Frontières.

Veglia funebre

Posto sbagliato, tempo sbagliato.
Si passano un mozzicone,
tra respiri e brusii.
Ragazze escono dalla nebbia nera di pneumatici che bruciano.
Una mezzaluna di ghiaccio riluce su una famiglia seduta intorno
    a una donna morta.
La fiamma le illumina i capelli e glieli muove.
Acque grigio rosa.
Tamburi e fango.
Il campo è anche questo:
mangiare, dormire, fare l'amore e morire.
Sognare di riprendere il viaggio.
Soprattutto aspettare.

Funeral vigil

Wrong place, wrong time.
They pass a cigarette butt from one to the other
between breaths and whispers.
Girls come out of the fog black with the tyres they're burning.
An icy half-moon shines on a family seated around
      a dead woman.
The flame lights and lifts the strands of her hair.
Grey pink waters.
Drums and mud.
The camp is this, too:
eating, sleeping, making love and dying.
Dreams of continuing the journey.
Above all waiting.

We just want go in England

A come andare;
a chiedere asilo,
a prendere il numero,
a cercare notizie
R come ritornare:
dentro il corpo quando la luce del giorno si rompe e si resta senza ombra.
Provvisori come i confini.
Unici come le impronte.
Fa il tè.
L'acqua bolle.
Lo versa.
Chiude gli occhi.
Bring the love.
Stop the war.
Non sa l'inglese.
Non sa quasi nessuna lingua di quelle che girano nel campo.
Solo il suo dialetto.
Tanto le serve per pregare.
O parlare ai suoi morti che non sapevano l'inglese.
Ogni volta che va in fila per il gabinetto passa davanti a una scritta:
We just want go in England
PLEASE
E a mucchi di volantini con le istruzioni per skype per chiedere asilo.

We just want to go in England

A how to arrive there:
claim asylum,
take the number,
search for news
R how to return
inside their bodies when daylight breaks and they remain without shadow.
Provisional like borders.
Unique like fingerprints.
He makes tea.
The water boils
He pours it.
Closes his eyes.
Bring the love
Stop the war
He doesn't speak English.
Hardly speaks any of the languages circulating the camp.
Only his dialect.
Useful for praying, at least.
Or for conversing with his dead who didn't speak English.
Every time he queues for the toilet he passes some writing:
We just want to go in England
PLEASE!
And heaps of fliers with instructions on how to claim asylum with skype.

Macedonia o La ragazza che sembra Medusa

Tracce di sonno in mezzo al litigare e all'aspettare, suoni.
Non sonno
non veglia
non sì
non no
non forse.
Parole greche riecheggiano.
Parole macedoni
girano tra le foglie.
E i pensieri forzano il futuro.
Maggio all'improvviso troppo caldo.
L'erba sulle tegole più vicina al cielo.
Brucia.
Ci saranno
vento e comete. Sottovoce
da così a lungo in piedi
che la notte comincerà a accorciarsi e la luce a illuminare campi
coltivati a mais, girasole e grano.
Filari spogli di una vigna.
Meli in fiore.
Un prato punteggiato di bocche di leone.
Il canto di decine di rane oltre l'autostrada.
Accende una sigaretta,
fa passare il pacchetto,
arriva dalla Macedonia.
Sull'asfalto troupe televisive, e mercatini improvvisati:
uova, bombolette di gas da campo, zucchero e scarpe.
Passi escono da un sogno e entrano in un altro senza capire
      dove finisce quale.
La ragazza che sembra Medusa e al suo paese suonava
si rovina le mani a raccogliere legna e cose
da ardere.

Macedonia or the girl who looks like Medusa

Snatches of sleep in between the quarrels and the waiting. Sounds.
Not asleep
not awake
not yes
not no
not maybe.
Words in Greek echo.
Macedonian words
weave between the leaves.
Thoughts force the future.
Suddenly May's too hot.
Grass on the roof-tiles too close to the sun.
It burns.
There'll be
wind and comets. In low voices,
for so long on foot
that night will become shorter and daylight shine on the fields
of corn, sunflower and wheat.
A vineyard's bare lines.
Flowering apple trees.
A meadow stippled with snapdragons.
The chant of dozens of frogs across the motorway.
He lights a cigarette,
passes over the package,
it's from Macedonia.
On the asphalt TV crews and pop-up market stalls,
eggs, camping-gas canisters, sugar and shoes.
Footsteps leave one dream and enter another without understanding
    where it will all end.
The girl who looks like Medusa and in her country used to play music
ruins her hands fetching wood
and things to burn.

E ritrova sempre al bordo dello stesso
bosco
il ragazzo che si fa scudo coi bidoni della spazzatura,
il viso nascosto per non inalare i fumi tossici dei lacrimogeni.
Abbasso la musica.
Non è cinema.
Pronti? Via.
Una stazione Tv li riprende.

And the lad who uses the rubbish bins as a shield,
his face hidden so as not to inhale toxic fumes from the tear gas,
always reaches the outskirts of the same wood
again.
I turn down the music.
It isn't cinema.
Ready? Shoot.
A TV channel films them.

30 giorni di afroreggae

Feu aux frontières!
L'adrenalina accelera.
Le città bruciate in Siria hanno il colore fiamma del campo che brucia
    a Calais,
e della luna rosso sangue che esce bruciando dal mare.
Le operazioni di sgombero sono iniziate senza incidenti.
Hanno perso il bus e sono ritornati sotto la stazione sopraelevata
    della metro,
sotto coperte bagnate e materassi umidi.
Qualcuno rovista tra cibo avariato, un sandalo spaiato e la
    custodia glitterata di un iPhone,
cercando qualcosa da rivendere, scambiare o che ha perso.
Poi un nuovo bus evacua la stazione.
Nuovo campo per un mese.
30 giorni di afroreggae.

30 days of reggae

Feux aux frontières!
Adrenaline triggered.
Burnt cities in Syria flame the same colour as the field burning
    in Calais
like the blood-red moon burning the sea.
The evacuation has started without incident.
They missed the bus and have come back
    to the metro underpass
under wet blankets and damp mattresses.
Someone rummages through rotten food, a single sandal,
    an iphone's sparkling case
on the hunt for something to resell or exchange
or to find something he's lost.
Then another bus empties the station.
A new field for a month.
30 days of reggae.

Io sgombero, tu sgomberi,

Corrente staccata,
candele bruciate,
un resto di riso attaccato al fondo della pentola,
sul davanzale.
Ti svegli,
i capelli ancora annodati alle nuvole del sogno di mezz'ora fa,
i seni piccoli da danzatrice sotto la febbre
dei capelli,
sei qui da poco,
impari parole in mezzo alla confusione,
in cui si vive e non c'è altro da fare e anche se è tardi
qualcuno inizia a suonare e non smette
più.
Campi,
che saranno di papaveri,
si muovono in fotogrammi.
Rumori che fanno parte del giorno entrano nella notte.
C'è una parola d'ordine
per passare di là?
Nel letto del fiume
c'era l'acqua e c'è il fuoco. E ogni parola
come una scintilla
incendia.
Io sgombero, tu sgomberi.
La volontaria insegna l'italiano.
Qualcuno passa da un canale all'altro sull'iPhone,
cercando l'eroe della sua soap preferita.
Alle 8 la notte è fluorescente e stellata.

I evict, you evict

Electricity off,
candles burnt out,
on the sideboard rice grains
stuck to the saucepan's base.
You wake up,
hair still knotted to the dream clouds of half an hour ago,
tiny dancer's breasts underneath a frenzy
of hair,
you haven't been here long,
in the midst of life's chaos you're learning words,
here there's nothing else to do and even if it's late
someone starts to play music and doesn't stop.
Fields
which will flower with poppies
move along in a sequence of stills.
Sounds belonging to day enter night.
Is that an instruction
to go over there?
In the river bed
there was water and now there's fire. Each word
like a spark
burns.
I evict, you evict.
The volunteer teaches Italian.
Someone switches channels on her iphone,
searching for the hero from her favourite soap.
By 8 o'clock the night's fluorescent and full of stars.

Abbecedario dei migranti: D

Direzione domani.
Dove siamo è domani.
Ci siamo già dentro.
In 2, il doppio,
il doppio del doppio.
E dopo ci sarà un altro dove,
un dovunque dolce da dire.
Domani o dopo
domani?
Dimenticare è difficile,
come il divieto di dare un dove ai nostri desideri.
Ci siamo già dentro.
In due, duecento, duemila, ducentodue
mila.
Domani o dopo?
Come un disco o un deja vu
dopocena, nel dormitorio,
ci diciamo che dobbiamo deciderci. Diamo al destino
una direzione diversa.
E' dura ma.
E' domani.

Primer for migrants: D

Tomorrow's direction
Domani tomorrow is where we are.
We're in it already.
Double, two of us,
double the double.
and *dopo* later there'll be another *dove* where.
a wherever sounding sweet so *dolce*.
Domani or the day after
domani ?
Dimenticare to forget is hard,
like the ban on giving a *dove* to our desires.
We're already inside *dentro,*
In *due* two, *due* hundred, *due* thousand, *due* hundred
thousand.
domani or *dopo?*
Like a disc or a deja vu
dopo dinner in the dormitory we
tell ourselves we must decide. Let's give destiny
a different direction.
It's hard but.
It is *domani.*

Abbecedario dei migranti: F

Si fotografano vicino al fiume.
In fondo
la foresta fosforescente di farfalle.
Fari frenano
in mezzo a una festa finita in finimondo.
Una fisarmonica e un flauto fluttuano nel fumo.
Poi si fondono al frastuono.
Una frangia e un fermacapelli tra le foglie
in fuga verso il futuro,
nessuno li ferma.

Primer for migrants: F

They photograph each other close to the river.
In its depths
the forest phosphorescent with butterflies.
The headlights flare and brake
in the middle of a festa that finishes in confusion.
An accordion and a flute float through the fumes
then drift down into the flood,
a fringe and hair-slide among ferns
fleeing towards the future.
Nobody stops them.

Abbecedario dei migranti: P

Parcheggiati su un prato di periferia
sotto pallide pulsar e un planetario di pianeti perfetti
provano a essere pronti per il prossimo pomeriggio di piombo
in cui prepareranno pranzo,
qualcuno predirà che arriveranno i permessi,
qualcuno pianterà una pianta di peperoncino sotto la pioggia,
o pulirà i piatti o protesterà
per i proiettili di plastica.
Qualche passante ha paura.
Parcheggia e procede parlando piano sotto i platani,
come se fosse in pericolo.
La polizia presidia il perimetro
tra la piazza la posta e il ponte.
E' probabile che partiranno,
ma è presto per pensarci.
Perfezione part-time.
Potrebbe essere il paradiso, ma è solo un altro
posto di passaggio,
sotto il pergolato tra il passante
e il parco.
Le parole sono pezzi di paradiso.
Proteggono e promettono.

Primer for migrants: P

Parked in a field on the periphery
under pallid pulsars and a planetarium of perfect planets
they prime themselves for the next ponderous afternoon
when they'll prepare lunch,
someone will predict that the permits will come,
someone will plant a pepper plant under the pouring rain
or wipe the plates or protest
against the plastic projectiles.
A passerby is paralysed by panic.
He parks and then proceeds speaking in a low voice under the plane trees.
as if in peril.
The police oversee the parameter
between the piazza the post office and the overpass.
They will probably depart
but it's too soon to predict.
Perfection part-time.
It could be paradise, but it's only another
place to pass by,
under the pergola between the bypass
and the park.
Words are pieces of paradise.
They protect and promise.

Evacuazione

La Jungle:
tende di plastica, prefabbricati in legno,
cucine collettive, aree distribuzione vestiti, spaccio cibi eritrei,
è stata accerchiata,
all'alba.
Pietre volano,
poi non volano più.
Iracheni, afgani, siriani, libanesi, sudanesi, pakistani,
qualcuno cerca di scappare tra i blindati.
Dopo l'evacuazione inizia la distruzione,
resta qualche pedalino,
cumuli di plastica e coperte,
un bollitore fischia nel nulla,
una bambola su un ramo guarda il tè,
trabocca.

Eviction

The Jungle:
plastic tents, wooden prefabs,
communal kitchens, distribution sites for clothes, outlets for Eritrean food,
has been surrounded
at dawn.
Stones fly,
then fly no more.
Iraqis, Afghanis, Syrians, Lebanese, Sudanese, Pakistanis.
Someone tries to escape between the armoured cars.
After the eviction the destruction starts,
a sock's left behind,
heaps of plastic and blankets,
a kettle whistles into the emptiness,
a doll on a branch watches the tea
boil over.

Mais c'est quoi?

Le nuvole corrono.
La lucentezza del sole sale sulle macchine,
e il muro si allunga per sostenere la fuga della lucertola
dalla mano del bambino che sogna che sarà lui a guidarle,
lontano.
Suo padre arriva al sogno ogni notte a mani vuote.
Sua mamma non c'è più.
Come le maree
adesso sono in cima, adesso giù,
con la vita da rifare. Prima
lo sgombero dello squat de La Chapelle
Poi il liceo occupato Jean Quarré
e Austerlitz
e Saint Ouen.
Mais c'est quoi?
Metro Stalingrad, Parigi, Paris, Péris.
Dopo qualche tuono e la grandine esce da un arcobaleno con un biscotto.
Sarà quel che sarà. Come tutti,
metterà in fila i suoi giorni francesi per riscrivere la sua lingua,
glielo lasceranno fare o no.
La vita non è il paradiso.
Ma se si esce da un arcobaleno il più è fatto,
forse...
Poi si mette a correre.

Mais c'est quoi?

Clouds race.
Sun gleams on the cars
and the wall lengthens to support the lizard fleeing
from the hand of the boy who's dreaming he'll be the one to drive them far away.
Every night his father reaches the dream with empty hands.
He no longer has a mother.
Like the tides
now high, now low,
with a life to start over again. First
the eviction from the squat at La Chapelle
then the occupied school Jean Quarré
and Austerlitz
and Saint Ouen.
Mais c'est quoi?
Metro Stalingrad, Parigi, Paris, Péris.
After the thunder and hailstones he steps out of a rainbow with a biscuit.
What will be will be. Like all the others
he'll line up his French days to rewrite his language,
they'll either let him do it or not.
Life's not paradise.
But if you step out of a rainbow most of it's done,
maybe...
Then he starts to run.

La rotta dei Balcani

A Polycastro, Presevo, Sid
era famosa ma adesso è solo più percorsa dagli uccelli,
migratori.
Camminano sui binari
dietro a un sogno che li ha portati davanti a una pentola da 500 litri
    di riso.
Si lava,
nel cielo che corre nella pozzanghera,
si specchia tra le nubi,
cerca di ricordare se è bella,
sì è bella,
alla faccia di Bruxelles.
I vestiti asciugano i colori sul filo spinato.
Se li metterà prima che piova di nuovo,
farà due passi lungo i binari per arrivare alla tenda di lui,
i genitori pensano a altro per fortuna,
tutto va secondo i piani a volte anche qui,
per fortuna.

The Balkan route

In Polycastro, Presevo, Sid
it used to be famous but now is only travelled by birds
migrating.
They walk down the railway tracks
following a dream that has brought them to a 500 litre
    saucepan of rice.
He washes
in the sky that runs in the puddle,
looks at himself in the mirror between clouds,
tries to remember if it's beautiful,
yes it is beautiful,
despite Brussels.
Clothes dry their colours on the spiked wire.
He'll put them on before it begins to rain again,
he'll go a short distance along the railway tracks to reach his tent,
luckily his parents are thinking about other things,
even here sometimes everything goes to plan
with luck.

Mamma Merkel

Cosa sentono? Pensano? Fanno?
Mangiano nei piatti di carta vegetariano.
Si nascondono sui materassi in fondo alle tende o su qualche scoglio,
in posizione fetale, o a pancia in giù,
o con un braccio largo e l'altro che segue il confine del corpo.
Un altro.
Cosa? In che lingua? Sognano?
Si annoiano.
I giorni al confine e le notti hanno un sapore di limbo,
il rumore del mare e delle macchine traversa la frontiera che loro
    non possono traversare,
su e giù,
su e giù.
Non è in quei metri la libertà.
Ma anche.
Intanto si balla.
Si dice *Mamma Merkel*
Pieni della musica di suonerie di ninne nanne in curdo seni esposti
    per i neonati e mercatini in mezzo al nulla.
Whatsapp e smartphone,
zoom play rew,
menu.
Scatta foto al tè,
al cane che passa, alla ragazzina col gatto e gli occhi grandi, tutti e due,
le posterà, manderà a casa con un selfie mentre fa:
ok.

Madame Merkel

What do they feel? Think? Do?
They eat vegetarian from paper plates,
hide on mattresses inside tents or on some rocky beach,
curled in the foetal position or on their stomachs
or with one arm extended and the other following the body's contour.
Another one.
What? Which language? Are they dreaming?
They're bored.
Days at the border and nights taste of limbo,
the sound of the sea and cars crosses the frontier that they
    can't cross,
up and down,
up and down.
Freedom isn't in those metres.
But it is, too.
Meanwhile they dance.
They say *Mamma Merkel*.
Full of music and the ringtones of Kurdish lullabies, breasts exposed
    for the newborn and street markets in the middle of nowhere.
Whatsapp and smartphone,
zoom play rew,
menu.
He snaps tea,
the passing dog, the little girl with the cat and big eyes, both,
he'll post them, he'll send them home with a selfie while texting:
ok.

Paris

Un materasso.
A cielo aperto.
Anzi decine in pochi metri per condividere quello che non c'è.
La polizia ha chiuso un occhio per un po'.
Non potevamo pensare che la vita sarebbe stata così dura
in Europa. Coltivavano
il sogno di continuare a studiare, anzi di
riprendere
gli studi.
16° Arrondiss
ment
Bois de Boulogne: nessuno li vuole.
13° Arrondiss
ment
Dice
'mi trovo bene', a 500 metri dalla Senna,
di avere dormito in una tendopoli sotto il ponte della Chapelle,
in mezzo a una marea di escrementi.
Un letto nel centro di rue de Loiret,
dopo la Halle Pajol,
il Bois de Dormoy, le Jardin
d'Eole.
Attende una risposta.
C'è un elenco di città sicure,
se vieni da lì puoi passare se no no ma il regolamento cambia
    tutti i giorni.

Paris

A mattress.
In the open air.
In fact there are dozens of them within a few metres to share what isn't.
Police have turned a blind eye for a while.
We never imagined life could be so hard
in Europe. They nurtured
the dream of continuing to study or rather
picking up
their studies again.
16th Arrondisse
ment.
Bois de Boulogne: nobody wante me.
13th Arrondisse
Ment
They say
'I'm fine' 500 metres from the Seine,
having slept in a tent city under the bridge in la Chapelle,
in the middle of a swamp of shit.
A bed in the middle of Rue de Loiret,
after la Halle Pajol,
the Bois de Dormoy, le Jardin
d'Eole.
He waits for a reply.
There's a list of safe citics,
if you come from one you can pass if not you can't but the rules change
    every day.

Bois de Dormoy

La speaker dice: *Allarme.*
Vivono in un bosco a Nord della città,
Bois de Dormoy.
Un materasso di gommapiuma arrotolato appoggiato non si capisce a cosa.
In certi punti
gli alberi sono così fitti che l'inquadratura esclude
la M della metro che porta all'Ile
de France. A volte
arriva l'odore dai ristoranti vicini.
Dentro
un tetto di foglie,
per terra la terra e erba che cresce,
polvere, smog, polveri sottili, formiche.
I clacson
sono attutiti dal legno dei tronchi e dal verde spesso delle foglie,
dalle angosce e dai racconti,
a volte sirene si mescolano ai suoni di metalli percossi per fare ritmo,
ai canti che sembrano nenie antiche anche se le fanno ragazzi di vent'anni,
al sottovoce di mezzanotte o al rumore che fanno le sigarette
    quando soffiano il fumo in cerchi per fare qualcosa
perché i vicini litigano e non si può
dormire.

Bois de Dormoy

The speaker says: *Allarme,*
They live in a wood to the north of the city,
Bois de Dormoy.
A rolled-up foam mattress leaning against
who knows what.
At certain points
the trees are so dense that the frame excludes
the M of the metro that goes to l'Ile
de France. Sometimes
the smell from nearby restaurants reaches them.
Inside
a roof of leaves,
on the ground, earth and grass growing,
dust, smog, fine powder, ants.
The hooters
are deadened by the wood of tree trunks and the thick green of leaves,
by despair and stories,
at times sirens merge with the sound of metals shaken to create rhythm,
and songs that sound like ancient lullabies even if sung by boys of twenty,
with midnight's whispering and the sound cigarettes make
    when they blow smoke in circles so as to do something
because the neighbours are quarrelling and one can't
sleep.

Jardins d'Eole I ragazzi della metro

A ridosso de rue de Maroc,
sarà un presagio?,
mentre loro cercano di ripararsi dal grande vento che sconquassa
    il blu delle tende
come pezzi di cielo caduti a macchia di leopardo sui prati ancora
    spelati dall'inverno,
o attraversano in fretta le aree pic-nic e le rampe disabili,
aperte tutti i giorni, stazione Stalingrad.
I treni li rovesciano nel grigio elettrico di Parigi,
sprofondati in fondo ai loro cappucci e alle loro felpe.
coi tatuaggi, i treccini, le ciocche verdi, azzurre e prugna.
Inquieti come fiocchi di fuoco.
Hanno più o meno la stessa età,
la stessa voglia di mandare al diavolo tutto.
I ragazzi che escono dalla metro per andare a scuola
ogni giorno si fermano e si mettono a ballare
anche se i genitori non vogliono
nel Jardin d'Eole.
Qualcuno gli fa segno per una sigaretta e gliela passano,
qualche ragazza sorride
a qualche ragazzo ivoriano sudanese afghano in tuta sintetica e
    infradito.
Per loro il confine è quello dell'inizio delle lezioni,
tra un quarto d'ora
scapperanno.

Jardin d'Eole: the Metro boys

Just before Rue de Maroc,
while they're trying to take refuge from the strong wind smashing
 the blue of the tents,
pieces of sky fallen in leopard spots over fields
 still shorn by winter,
or they're hurrying across the picnic areas and over the disabled ramps,
open daily, at Stalingrad station
— could that be an omen?
Trains run them down in the electric grey of Paris,
drowned in their hoods and fleeces,
with tattoos, braids, locks streaked green, pale blue and prune.
Restless as sparks of fire.
They're more or less the same age,
each wanting to send everyone to hell.
The boys come out of the metro and go to school,
every day they stop and start to dance
even if their parents don't want them to
in the Jardin d'Eole.
Someone gestures for a cigarette and is handed one,
a girl smiles
at a boy from the Ivory Coast or Sudan or Afghanistan
in a synthetic tracksuit and
 flip-flops.
For them the border is when class begins,
in a quarter of an hour
they'll escape.

Alle 10,
quando il silenzio del sole scioglierà l'asfalto e toglierà consistenza
alle cose,
un vicino porterà un sacco della spesa,
una vicina vestiti,
e loro
chi dietro i banchi
chi in giardino
aspetteranno di rincontrarsi per ascoltare dalla radio insieme
la musica
(di) domani.

At 10
when the sun's silence dissolves the asphalt and takes away
the solidity of things
a neighbour will bring a bag of shopping,
a woman clothes,
and they
behind benches
in the garden
will wait to meet up and on the radio they'll listen together
to music
(of) tomorrow.

Vita nuova

Dicono che i ricordi si attacchino
ai capelli lunghi e li annodino.
Prova per ore a pettinarli, lo sguardo assente,
poi a tagliarli,
al centro del fiore di loto,
stampato al centro del piumone,
sul materasso tra gli altri,
separati dai vestiti stesi a triangolo
per un po'
di intimità.
Su quello a fianco
una vecchia parla alla neve e si arrabbia
che cada.

The new life

They say that memories attach themselves
to long hair and tie it into knots.
For hours, absently, she tries to comb
then cut it
in the centre of a lotus flower
printed
in the centre of the quilt
on a mattress among many
separated by clothes hung in a triangle
for a little
privacy.
On the one next to her
an old woman speaks of snow and is angry
that it's falling.

Hall Pajol

18° Arronidiss
ment. Gare de l'Est.
Ha sul tetto la seconda più grande centrale fotovoltaica
    della Francia.
Prende tutto il sole di Parigi e lo trattiene.
1 biblioteca,
1 ostello della gioventù con 330
letti,
1 épicerie americane,
1 coffe shop, 1 fablab.
E poi ésplanades e piattaforme di metallo e architetture
'800.
Sparse
scarpe di donne,
non si capisce se lasciate per una nuova evacuazione
o per entrare a piedi nudi sotto le coperte o i sacchi a pelo
e prepararsi al viaggio del sogno.
Anche da quello le farà sgomberare.
La luce di domani.
Hall Pajol.
In fondo semafori,
insegne accese, vetrine,
finestre che si illuminano
al passaggio di qualcuno.

Hall Pajol

18th Arronidisse
ment. Gare de l'Est.
On the roof is the second largest solar system
 in France.
It takes the whole of the Paris sun and keeps it.
1 library,
1 youth hostel with 330
beds
1 American épicerie
1 coffee shop, 1 fablab.
And then the ésplanades and metal structures and architecture
from the 1800s.
Scattered
women's shoes,
it's unclear whether left behind following a fresh eviction
or so as to enter with bare feet under covers or into sleeping bags
ready for a dream journey.
They'll be evicted even from that.
Tomorrow's light.
Hall Pajol.
Down there the traffic lights,
illuminated signs, shop windows,
house windows that light up
as someone walks by.

Lieu de vie?

Qualcuno ha scritto: *Lieu de vie?*
E ci ha disegnato un cuore.
A pochi passi i militari con giubbotto antiproiettile e casco,
l'ennesima rivolta.
I vestiti che ha addosso sono l'unica cosa che gli è rimasta.
E i 16 anni, all'anagrafe.
Aspetta di capire che vento tira.
Donne incinte stanno a aspettare il travaglio
Un ragazzo dà fuoco a una tenda per riprendere la scena:
venderla?
farne un film?
mandarla a casa?
Anche lui
aspetta.

Lieu de vie?

Somebody's written: *Lieu de vie?*
And has drawn a heart there.
A few steps away the soldiers with anti-projectile jackets and helmets,
the umpteenth revolt.
The clothes on their backs are the only ones left them.
And 16 years, at the General Register Office.
He waits to find out which way the wind's blowing.
Pregnant women wait to go into labour.
A youth sets fire to a tent to shoot the scene:
to sell?
turn into a film?
send home?
He too
is waiting.

Tramonto

Camminano.
E il cielo prende fuoco, la città è frenetica di fari.
Non importa quanto viene da lontano il vento addosso, attraverso,
     dentro.
Non cambierebbero nulla di quello che hanno fatto fino a questo
     tramonto che sta arrossando
Parigi,
gli occhi delle persone che si fermano ai semafori tamburellando.
I ragazzi e le ragazze
che arrivano dal mare e dal deserto in rue
de Loiret,
non sanno dove stanno andando, a che punto sono
arrivati,
fanno cose normali e anche quello che mangiano o avanzano per
     correre per le coliche
sta scrivendo il futuro ma non sanno
quale.
Mari
di carta, di carte, di foto
segnaletiche, di ricerche di chi sei,
sei di quel paese?, sei tu?,
di polpastrelli che lasciano l'unicità di quell'impronta che
     metteranno in un cassetto,
di passi che hanno portato solo a un campo più sporco,
ma ce ne saranno altri,
funziona così. I muscoli.
I femori. Le anche.

Sunset

They walk.
And the sky catches fire, the city is frenetic with searchlights.
It doesn't matter how far the wind has come on top of them, through,
    inside them.
They'd change not one thing they've done until
    this sunset that's turning
Paris
and the eyes of people stopping to drum at traffic lights red.
The young men and women
coming from sea and desert to Rue
de Loiret,
don't know where they're going, where
they've come to.
They do ordinary things and even what they eat
    or leave on the plate when stomach cramps send them running
is writing the future but they don't know
what it is.
Seas
of paper, letters, mugshots,
searches for who you are,
are you from that country? is it you?
of fingertips leaving the uniqueness of your print
    that they will put away in a drawer,
of footsteps that only led to a dirtier camp.
But there'll be others,
that's how things work. Muscles.
Femurs. Hips.

Portano,
E dopo arriva l'anima ancora indietro,
ancora a guardare al largo nel blu,
se intravede una bracciata,
ancora a piangere, carezzare, chiudere occhi con un bacio.
Lei è lenta.
Chiede funerali,
motivi, di capire ciò che non si può, di trattenersi a salutare chi
    quella sera non c'era e non ha potuto salutare,
di restare a finire il suo lavoro.

Carry.
And later comes the soul still behind them.
And still looking out to sea into the blue
she glimpses an arm flung out,
starts to cry again, to stroke, close eyes with a kiss.
The soul is slow.
She requests funerals,motives,
asks to understand what one can't, to stay behind and greet someone
    who wasn't there that evening so she couldn't greet,
to remain and finish her work.

Refugiés are survivor

Sono seduti con gli occhi che si chiudono dal sonno e tutto quello
 che hanno lo hanno in mano.
Qualcuno ciondola seduto sulle grandi lettere al neon dell'insegna
 smontate e sparse per terra in cortile,
uno arrotola lo striscione con la scritta *refugiés are survivor* e ne fa
 un cuscino.
Alberi, un grattacielo
sullo sfondo,
edera e erba alta come in una foresta,
vegetazione incolta che entra e esce dalla finestra, sale
per le scale,
scalza mattonelle.
Poliziotti li spingono coi guanti sul rosso del Mercedes.
Ragazzi
dei centri sociali manifestano.
Due militari
si gettano su uno rimasto indietro vicino a un cespuglio,
lo atterrano con la violenza dei manganelli e degli spray urticanti.
Un refugié con un materasso a stelle e strisce sulla schiena
si incastra nella portiera di un nuovo autobus,
lo spintonano con sacchi legati, zaini, cappellini
in tela, o a righe di lana calate sugli occhi.
Poi il pulman è strapieno e parte
scortato dalle sirene.
Restano nel cortile vuoto
una giovane pakistana incinta
e un bambino che gioca coi suoi capelli e glieli tira
per non cadere,
mentre una mezzaluna sottilissima
spunta tra il Mc Donald's i grattacieli
e il mandorlo.

Refugees are survivor

They're sitting eyes closed with exhaustion, everything they own
    in their hands.
One sits rocking on the great neon letters of the shop sign
    lying disassembled and scattered over the courtyard,
another rolls up a banner with the writing *réfugiés are survivor*
    and makes a cushion of it.
Trees, a skyscraper
in the background,
ivy and grass as high as a forest,
wild vegetation climbing in and out of the window,
up the stairs,
pulling out the tiles.
The police push them with gloves against the red of the Mercedes.
Youths from the squats
demonstrate.
Two of the military
throw themselves on top of someone left behind near a shrub,
violently beat him to the ground with truncheons and pepper spray.
A réfugié with a mattress covered with the stars and stripes
wedges himself into the door of a new bus,
they shove him in with tied bags and rucksacks,
cotton caps or striped beanies pulled downover their eyes.
Then the Pullman is full to bursting and it departs
escorted by sirens.
In the empty courtyard a young pregnant Pakistani stays behind
and a child playing with her hair, pulling it towards him
so as not to fall down,
while the slip of a half-moon
appears between MacDonalds the skyscrapers
and the almond tree.

We need to pass

Hanno finito di sbracciarsi perché hanno segnato, a basket,
e esce il sole da una nuvola che va e viene da ore
e ne chiama altre e poi il vento le disperde.
Una donna pesta foglie e si sprigiona un profumo
Un'altra è su un cartone per le scale.
Si tiene alla ringhiera,
seduta sul gradino.
La ringhiera la incornicia come una foto.
Dicono che le è morto addosso il ragazzo,
è stata violentata,
gettata al largo e ha nuotato per miglia.
Pavimento blu,
alla parete un albero blu,
dipinto da qualche classe.
Fuori un albero a cui forse si sono ispirati comincia a fare
    esplodere la forza della primavera
e un'aria furiosa sembra voglia strappare le chiome e le tira come capelli.
Vetri con aloni e manate dividono i due alberi.
Dentro c'è un odore forte di sudore, sonno e pipì.
Due ragazzi volontari vanno e vengono tra due sogni,
camminando in fretta nel vento,
con coperte d'oro.
Un cane tigrato li tallona scodinzolando,
e pigramente si siede nel primo sogno e resta lì con la luna piena.
Sono accampati nel corridoio da cui si accede alle aule e al vano della scala.

We need to pass

They've stopped flailing about because they've signalled, a basketball,
and the sun's emerged from a cloud that's been coming and going for hours
and is calling others and then the wind disperses them.
A woman crushes leaves and releases a perfume.
Another's on a piece of cardboard on the stairs.
She supports herself against the railing
sitting on the step.
The railing frames her like a photo.
They say a lad died on top of her,
she was raped,
thrown offshore and that she swam for miles.
Dark blue floor,
on the wall a blue tree
painted by one of the classes.
Outside a tree that may have been its inspiration starts to
     explode with the energy of spring
and a furious breeze seems to want to strip its foliage and pull it like hair.
Window panes marked with rings and handprints separate the two trees.
Inside is a strong odour of sweat, sleep and piss.
Two young male volunteers come and go between two dreams
walking quickly in the wind with blankets the colour of gold.
A brindle dog tags along wagging its tail
and lazily sits in its first dream and remains there with the full moon.
They've installed themselves in the corridor leading to the classrooms
and at the entrance to the stairs.

Per entrare nelle stanze si devono passare addosso.
Qualcuno alza la voce.
Se le guardi la mano
è stretta alla ringhiera come se avesse paura di cadere nella
 tromba delle scale.
O che la portino via
anche da lì.

To get to the rooms you must step over them.
Someone raises their voice.
Look at her hand
holding tight to the railing as if she were frightened of falling
    into the stairwell
or that they would take her away
from there, too.

Spalle al muro!

Il sole è arrivato allo zenit e è diventato colloso e duro come un
 diamante in mezzo alla testa.
Proviamo, ma non sappiamo cosa.
Chiudiamo gli occhi,
ma invece di sognare che troviamo soluzioni sogniamo che siamo
 confusi.
Proviamo a anticipare il futuro,
ma c'è troppo in gioco.
Ci svegliamo.
E Parigi è a rischio inondazione dopo il Bataclan,
dopo i disordini e gli scioperi per la legge lavoro.
Bruxelles
è scossa dai morti uccisi negli attentati, e da quelli che popolano il
 Mediterraneo,
un futuro che sta scrivendo dai fondali
la storia che quei bambini non nati o affogati
stanno sognando.
Cosa resterà
dopo?
La prima immagine è di un altro mondo,
la riva italiana:
rocce agavi oleandri,
parole che non capiscono e i gesti di chi li accoglie,
salva, visita, scheda, avvolge nell'oro
di coperte leggerissime e calde che ustionano gli occhi e li fanno
splendere.
Sono arrivati stremati come sogni.
E cercano di diventare reali con la forza della fame e della sete,
 con i loro morti e i colori dei loro paesi che mandano avanti con le
 donne e i bambini.

Backs against the wall!

The sun has reached its zenith and become sticky and hard
    like a diamond in the middle of one's head.
Let's try, but we don't know what.
Let's close our eyes
but instead of dreaming that we find solutions dream we're
    confused.
Let's try to anticipate the future
but there's too much at stake.
Let's wake up.
Paris risks flooding after the Bataclan
after the riots and strikes for working rights.
Brussels
is shaken by the dead killed in assassination attempts
and by the others populating
    the Mediterranean
where a future's being written on the ocean floor,
the story that those unborn or drowned children
are dreaming.
What will be left
afterwards?
The first image is of another world,
the Italian coastline:
rocks agave oleander,
words they don't understand and the gestures of someone welcoming,
saving, visiting, registering, wrapping them in the gold
of very light warm blankets that make their eyes burn
and gleam.
They arrived as exhausted as dreams
and they try to become real with the strength of hunger and thirst,
with their dead and the colours of their countries that they send before
    them with the women and children.

E' come un colpo di sole.
Il futuro che hanno in mano.
Abbacina e fa male.
L'Europa "invasa" alza muri e accoglie,
si oppone e offre cibo,
ha paura di perdersi,
ma non ha sogni così forti
come chi arriva e ha già perso tutto, e sogna insieme
un unico sogno.
Cosa resterà
dopo?
Solo i ragazzi
ridono insieme, ballano insieme, si copiano il look e imparano
    insieme a pensare,
a scambiarsi l'aria che respirano e si ribellano
insieme.

It's like sunstroke.
The future they hold in their hands
blinds and hurts them.
'Invaded' Europe raises its walls and welcomes,
resists and offers food,
afraid of losing itself
but its dreams aren't as strong as those
of someone who arrives having lost everything and together
with others dreams just one dream.
What will be left
afterwards?
Only the young ones laugh together
dance together, copy each other's look and together
    learn to think,
to exchange the air they breathe and to rebel
together.

Youtube

Escono come fantasmi dal fumo tossico che avvolge il campo.
La polizia sta ai margini, ma molti dei ragazzi vestiti da poliziotti si
    chiedono al margine di cosa.
Chiedono all'Europa di aiutarle.
Open the border.
Ha partorito davanti al mondo circondata da smartphone.
E la ragazza siriana,
con la felpa rossa dentro il selfie,
tutto il mondo sa che si è portata il gatto nel marsupio da Damasco e
    vuole andare
in Svezia, ma alle 7
esce dal selfie e si siede per mangiare e per un attimo non pensa
    al mondo di youtube,
già senza confini.

Youtube

Like ghosts they emerge from the toxic smoke surrounding the camp.
The police are on the outskirts but many of the youths dressed as police
 ask themselves on the outskirts of what.
They ask Europe to help them.
Open the border.
She gave birth in front of the world surrounded by smartphones.
It's the Syrian girl,
in the red tracksuit on the selfie,
everyone knows that she brought the cat in her bumbag from Damascus
 and she wants to go
to Sweden, but at 7
she leaves the selfie and sits down to eat and for a second doesn't think
 about the world of youtube
already without borders.

Louvre

Canta alla notte di Parigi.
Sotto il neon sul divano di fianco alle ortiche e alle zanzare.
Ogni volta il gesto di raccogliere le cose e vedere un luogo
    allontanarsi e diventare dell'anima.
Questa volta la piena del 2 giugno, la Senna oltre il livello di guardia,
di nuovo via, di nuovo cambiare compagni.
Sembra la voce di un fantasma, per non farsi sentire.
Qual è il confine? Cos'è reale?
Chi si è fermato
qui,
ascoltando il suono delle sirene?
Questa è la versione moderna di una storia che gira da millenni.
Vuoi saperne l'epilogo?
Fari puntano le luci tra le tende,
senza trovare quello che cercano.
I bambini,
anche nel sonno si agitano,
forse stanno correndo come nuvole.
Veloci come immagini di un game.
Non possono passare la frontiera ma per loro tutto lo è.
Il no dei grandi, l'altezza di una maniglia che non riescono a
    aprire, o del tavolo su cui c'è un pezzo di pizza, il peso
di una porta
L'anticiclone delle Azzorre sta preparando altro vento.
E al Louvre da stamattina
senza posa mettono in salvo qualche Madonna con angeli biondi, la
Nike, la bellezza.
Ma sono le 3
e anche il cielo è in tregua.

The Louvre

She sings to the Parisian night.
Under the neon light on the sofa near stinging nettles and mosquitoes.
Each time she makes a move to gather things together she only sees a
    place drifting away and becoming part of the soul.
This time full moon is on 2 June, the Seine above safety level.
Leaving again, changing companions again.
Like the voice of a ghost, so as not to be heard.
Which is the border? Is it real?
Who stopped
here
to listen to the sirens' song?
This is the modern version of a story that's been around for millennia.
Do you want to know the epilogue?
Searchlights point at the tents
without finding what they're looking for.
The children
shift about even in sleep,
perhaps they're running like clouds.
As fast as the images in a game.
They can't cross the boundary but for them this is all there is.
The grown-ups' no, the height of a handle they can't
    open or the table with a pizza slice they can't reach,
the weight of a door.
The anticyclone in the Azores is blowing up another wind.
And at the Louvre since this morning
without a break they've been rescuing some Madonna with blond angels,
Nike, beauty.
But it's 3 o'clock
and the sky's also at peace.

We are not going back

We are not going back.
Dormono.
I jeans stesi sugli scogli ad asciugare stirati dal sole sulla pietra.
Piedi spuntano dagli ombrelli rosa e a righe vicini.
Una tendopoli di cartoni asciugamani e teli gettati sulla roccia.
Cicale, fumo di barbecue, nuvole di scappamento quando scatta il verde.
Sotto il cartello Presidio un ragazzo vomita.
Un eritreo fa qualche mossa che sembra di tai chi, chiude gli occhi,
   si china, allunga le braccia come spire di serpente,
   artiglia l'aria, respira,
lo guardano,
in realtà non sa cos'è quello che fa,
l'ha imparato a uno dei campi.
Molte cose passano da uno all'altro e come nel gioco passando cambiano, ma funziona.
Quando ha finito si siede sotto l'agave
sotto il semaforo
sotto la caserma abbarbicata alla collina.

We are not going back

We are not going back.
They're asleep.
Jeans spread out on the rocks to dry, ironed by the sun on stone.
Feet poke out from under pink striped umbrellas nearby.
A campsite of card, towels and cloths thrown onto the rock.
Cicadas, barbecue smoke, clouds of exhaust when the green's
    switched on.
A youth vomits under the Presidio billboard.
An Eritrean makes a move that could be tai chi, he closes his eyes,
bends, lengthens his arms like a snake's coils, claws the air, breathes.
    They watch him,
    they really don't know what he's doing.
He learnt it in one of the campsites.
Many things pass from one person to another and like in the game as
    they pass they change, but it works.
When he's finished he sits under the agave
under the traffic light
under the barracks clinging to the hillside.

Passeurs

Sono violenti come quelli che vedono appena nati ai loro Paesi.
Il blu del Mare Nostrum,
il viola delle macchie di bouganville e oleandri,
l'argento degli olivi tormentati dal vento tutti legno storto e foglie,
il bianco cattivo sparato dei muri a secco e delle serre sui gradini,
il canto delle cicale,
che se chiudi gli occhi ha un colore assordante che riassume gli
    altri dell'estate,
il loro odore che il caldo vaporizza e fa ascoltare col naso e vedere con
    le orecchie.
E' la Liguria,
500 solo in stazione a Ventimiglia,
e sugli scogli, in chiesa, nei giardini tra gli scivoli,
lungo i tunnel e le stradine per sconfinare,
dove anni fa morivano i passeurs contrabbandando sigarette,
per questo si chiamano le strade della morte.
Muoiono in fila camminando normalmente senza fare nulla di strano,
sembra una gita mentre il sole di mezzogiorno diventa gentile e la sera si
    raffredda sulle cortecce e sull'erba e alla fine si riempie di rugiada e grilli,
e per qualche ora le cicale imperterrite sognano di frinire in silenzio.
C'è anche la luna e sembra impossibile che in un paesaggio così si possa
    morire dopo avere fatto di tutto per sfuggire alla morte,
che sia così semplice e venga così facile,
un bivio sbagliato dopo ore senz'acqua e mangiare,
qualche grado in meno, un fulmine che dalla finestra sembra bello,
uno strapiombo dietro una curva
inaspettato come l'amore e la morte.

Passeurs

They are as red as the newborn back in their own countries.
The dark blue of Mare Nostrum,
the violet of bougainvillea scrub and oleander,
the silver of olives tormented by wind, all crooked wood and leaves,
wicked white blazing out from dry stone walls and polytunnels along the steps,
the cicadas' song
that if you close your eyes deafens with a colour encapsulating all the
    others of summer,
their scent vaporized by heat until you listen with your nose and see with
    your ears.
It's Liguria,
500 in Ventimigla station alone.
And on the rocks, in church, in the gardens between the slopes,
along the tunnels and the small roads crossingthe border
where years ago the passeurs died smuggling cigarettes
which is why they're called roads of death.
They die in a line walking normally doing nothing out of the ordinary.
It could be a day trip as the midday sun softens and the evening
    cools on bark and grass and finally fills with rust and crickets
and for a few hours the undaunted cicadas dream of chirruping, in silence.
There's a moon, too, and it doesn't seem possible that in such a landscape
    one can die having done everything to escape death,
that it could be so simple, come so easily,
a wrong turning after hours without food or water,
a few degrees cooler, a streak of lightening that looks beautiful from the window,
a cliff edge round the bend
unexpected like love and death.

Tg

I brividi e la febbre parlano davanti alle telecamere,
l'aria immobile sa di sale,
dissenteria.
China sul lavabo,
gli occhi pesti,
i calmanti e il cucchiaio,
la chiave nella mano,
le luci a doccia,
troppi respiri,
troppo poco spazio pieno di capelli,
troppe dita che pettinano il vuoto lasciato dal tuo bambino,
troppi vassoi di riso rovesciati,
scagliati lontano.
Non riesci a dormire,
non bevi,
non ti lavi da addosso il mare,
il sogno di partire con le nausee,
le voci dell'infanzia che non sono diventate grandi.
Il mare aspetta dopo il mare,
sul ponte i suoni piccoli di un figlio immaginato,
le onde lapidate dalle braccia e dalle gambe dei compagni,
in bocca l'acqua assetata,
salata... continua

TV news

Shivers and fever speak to the TV cameras,
the still air tastes of salt,
dysentery.
She bends over the washbasin,
eyes bruised,
tranquillizers and teaspoon,
key in her hand,
a shower of lights,
too many breaths,
too little space full of hair,
too many fingers combing the empty space left by your child,
too many bowls of rice spilled,
hurled far away.
You can't sleep,
you don't drink,
haven't washed since you were at sea,
the dream of departing seasick,
voices of childhood that have never grown up.
Sea is waiting after sea,
on the bridge small sounds from an imaginary child,
waves thrown like stones from the arms and legs of companions,
thirsty water in your mouth,
salty... it goes on

come le vite dei gatti

7 come le vite dei gatti
7 come i mesi lontani da casa e da qualunque
luogo vero,
quelli in cui passano sono identici,
sporchi e inconsistenti appunto come un sogno,
non vero,
7
come le rotte dei passeurs,
e come loro, 2 arrivati insieme, e 5 si sono aggiunti,
in 2 almeno ci moriranno, chi?
7 come i pensieri, che come calligrafi con pennelli intinti nell'acqua
tracciano rotte libere,
ma "sono solo pensieri",
7 come i treni,
il loro odore nel naso e nell'anima,
le luci notturne nel vano bici e in bagno,
nascosti,
ma li hanno fatti scendere alla prima stazione
7
come le ore per arrivare a mezzogiorno,
quando il sole allo zenit contrabbanda le ombre e non c'è più confine,
7
come le note ma ne fanno 1
e a volte neppure quella, ma solo ritmo,
sempre lo stesso
7 come i petali che arrivano col vento
dal matrimonio dall'altra parte,
con le risate e la musica forte che fanno pensare a un'altra vita

Like cats' lives

7 like cats' lives
7 like the months far from home and from any
real place
the ones they pass through are identical
dirty and insubstantial just like a dream
not real
7
like the routes taken by the passeurs
and like them, 2 arrived together, and 5 attached themselves
at least two will die, which ones?
7 like thoughts, that like calligraphers with pens soaked in water
trace free routes
but 'are only thoughts'
7 like trains,
their smell in the nose, inside the soul
nightlights in the bike storage area and the bathroom
hidden
but they were made to get off at the first station
7
like the hours until midday
when the sun at its zenith smuggles the shadows away and the boundary
is gone.
7
like notes but they add up to 1
and at times not even that, only a rhythm
always the same
7 like petals coming with the wind
from the wedding over the other side
with laughter and loud music making one think of another life

7
come i giorni della settimana, cambia il nome
ma per il resto
lunedì: aspettano
martedì: aspettano
mercoledì: aspettano
giovedì: aspettano
venerdì: aspettano
sabato: aspettano
domenica: aspettano

7
like the days of the week, the name changes
but as for the rest
Monday: they wait
Tuesday: they wait
Wednesday: they wait
Thursday: they wait
Friday: they wait
Saturday: they wait
Sunday: they wait

Bambini yazidi e donne

Bambini yazidi e donne in fuga da Rojava, Aleppo, Shingal, Efrin si
 difendono sotto la violenta grandinata.
E' entrata
quando c'era un sospetto di chiarore talmente debole che era quasi
un'illusione
e poi quel chiarore immaginato è diventato il cielo,
il verde delle chiome che il cielo disegna con il suo controluce che
 cresce e dà consistenza a quello che era nascosto,
il nervosismo, la paura, l'agitazione.
Camminano come una freccia dritta al bersaglio, si chiedono:
Ci sveglieremo
vivi?
Il mattino
riuscirà a uscire dal cielo e a fermarsi
sulla cupola degli alberi?
La canzone di stanotte diceva:
Lanciate desideri contro il cielo.
Se sentite questo ritmo soffiato,
questo canto così sottile che ogni mezzanotte
sale oltre la luce rimasta da ieri attaccata
alle foglie...
questa è la nostra preghiera,
per voi che leggete e ascoltate,
il testamento...
continua

Yazidi children and women

Yazidi children and women in flight from Rojava, Aleppo, Shingal,
    Efrin protect themselves from the violent hailstorm.
It came
when there was a suspicion of light so weak it was almost
an illusion
and then imagined light became sky.
The green of treetops sketched by the sky with its growing backlight
    gives consistency to what is hidden,
irritability, fear, agitation.
They walk straight as an arrow to its target, asking themselves:
will we wake up
alive?
Will morning
manage to leave the sky and stop
overthe canopy of trees?
Tonight's song said:
Throw wishes against the sky.
If you hear this whispered rhythm,
this song so soft that every midnight
it rises beyond the light remaining from the day before
still attached to the leaves...
this is our prayer,
for you who read and listen,
the testament...
continues

Caroline Maldonado is a poet and translator from French, Spanish and Italian. Her poems have appeared in a wide range of magazines and in several anthologies, most recently Poems for Grenfell Tower (2018).Her books include a selection of poems by Rocco Scotellaro (translated with Allen Prowle) *Your Call Keeps us Awake, Isabella: Poems of Isabella Morra* (both published by Smokestack) and a poetry pamphlet *What they say in Avenale*. She lives in London and Italy.